Tempo de fantasmas

Edição apoiada pela Direção-Geral do Livro,
dos Arquivos e das Bibliotecas/Portugal.

CULTURA
DIREÇÃO-GERAL DO LIVRO, DOS ARQUIVOS E
DAS BIBLIOTECAS

Tempo de fantasmas
Alexandre O'Neill

© Editora Moinhos, 2020.
© Herdeiros de Alexandre O'Neill.
Título original: Tempo de fantasmas

Edição:
Camila Araujo & Nathan Matos

Assistente Editorial:
Sérgio Ricardo

Revisão e Diagramação:
Editora Moinhos

Capa:
Otávio Campos e Arthur Daibert

1ª edição, Belo Horizonte, 2020.
Nesta edição, respeitou-se a edição original.

Dados Internacionais de Catalogação na Publicação (CIP) de acordo com ISBD
Elaborado por Odilio Hilario Moreira Junior — CRB-8/9949
O58t
O'Neill, Alexandre
Tempo de fantasmas / Alexandre O'Neill. Belo Horizonte, MG : Moinhos, 2020.
54 p. ; 14cm x 21cm.
ISBN: 978-65-5681-013-3
1. Literatura portuguesa. 2. Poesia. I. Título.
2020-1262

CDD 869.108
CDU 821.134.3-1

Índice para catálogo sistemático:
1. Literatura portuguesa: Poesia 869.108
2. Literatura portuguesa: Poesia 821.134.3-1

Todos os direitos desta edição reservados à Editora Moinhos
www.editoramoinhos.com.br
contato@editoramoinhos.com.br
Facebook.com/EditoraMoinhos
Twitter.com/EditoraMoinhos
Instagram.com/EditoraMoinhos

Uma despedida da poesia

O ato de poesia é um ato de ironia.
Alexandre O'Neill

Para o leitor brasileiro de Alexandre O'Neill no século XXI talvez haja vantagem em começar *Tempo de Fantasmas* pelo fim. Pela última parte, chamada "Uma vida de cão". É lá que se encontra a única referência a André Breton em todo o livro. Não uma referência que venha confirmar a adesão de O'Neill a um programa surrealista. Antes a evocação desse propósito já no passado, como algo que falhou e redundou noutra coisa totalmente diversa. A particularidade de O'Neill (nascido em 1924) entre os poetas da sua geração marca-se por esse gesto muito prematuro de demarcação e desencanto. Editado em 1951, *Tempo de Fantasmas* é pouco posterior à eclosão tardia do surrealismo português, se esta se deve datar de 1947, com a fundação do Grupo Surrealista de Lisboa, que O'Neill também protagonizou. É como se o surrealismo fosse já, quatro anos depois de aparecer, um fantasma entre outros que assombravam o tempo de que o poeta queria não só fazer registo, mas descobrir ou inventar a linguagem em que era preciso registá-lo.

A linguagem e o tom, porque o tom desencantado é um dos sinais mais evidentes que marcam *Tempo de Fantasmas* como livro de maturidade poética alcançada. Tudo o que pudesse ser entusiasmo de aventura revolucionária surge aqui esfriado, tratado à distância como se pouco mais fosse que um equívoco juvenil.

A par de "Corpo Visível", o poema que Mário Cesariny de Vasconcelos publicou em 1950, essa estrofe pós-bretoniana de "Uma vida de cão" marca um tempo forte no destino das utopias poéticas em território cultural português, a meio do século XX:

> Até aos últimos arcanos
> cafés e leitarias
> seguiste André Breton
> ou a sombra dele
> e a aventura mental que procurava
> um sinal exterior
> um estilhaço vivo do acaso
> a Nadja lisboeta que salvasse
> ou a noite ou a vida
> acabou em «bons» poemas «maus» poemas
> em palavras e palavras

Como se da cinzenta periferia ibérica da Europa um poeta compreendesse que o gesto verdadeiramente fiel ao surrealismo era abandoná-lo, O'Neill instala aqui o fim da "aventura" que, muito circunscrita à capital do país, mal tinha começado e pouco ou nada se propagara. Enquanto ação e experiência, a ousadia dessa "aventura" redundava naquilo que combatia — uma versão requentada de jogos florais com caução parisiense. Mas o que é mais impressionante nestes onze versos é que eles contêm já quase tudo o que veio a distinguir a assinatura de O'Neill de todas as que, de um modo ou doutro, se comprometeram com a forma específica de rotura modernista que Breton quis liderar. Nos nove livros seguintes de poesia (mas a prosa não se distingue assim tanto), o mesmo olhar desapiedado do poeta sobre si mesmo se pode reconhecer. A mesma junção de referências cultas ("arcanos") e banalidades urbanas ("cafés e leitarias") numa linha aparentemente contínua. O mesmo humor truculento capaz de exprimir, ridicularizar e compreender, em dois versos, um imaginário romântico que sobrevive aos seus próprios bloqueios ("a Nadja lisboeta que salvasse / ou a noite ou a vida"). E em cima ou por baixo de tudo isto uma qualidade lírica da dicção poética de que, mesmo nos registos mais experimentais e vanguardistas, O'Neill nunca abdicou.

Não por acaso "Uma vida de cão" é um exemplo maior de metapoesia, de reflexão crítica da poesia no interior do poema. E, nisso, um texto paradoxalmente fiel ao espírito surrealista mais agudo, isto é, à desconfiança sem complacências perante uma noção burguesa, domesticada, dócil, da poesia afogada por convenções e constrangimentos "no vinho da beatitude" ou distribuindo a "Dor em alfinetes". *Não* é a primeira palavra desse poema — e esse "Não" isolado, como se bastasse para fazer um verso, capta toda a negatividade sem a qual o impulso vanguardista do surrealismo, em qualquer paragem, escapa ao entendimento. O espírito de recusa da modernidade, de uma certa codificação da modernidade que imputa à poesia uma função de sucedâneo religioso ou de suplemento de alma, é aí levado ao extremo da abjeção física: "E quando dizes «Poesia» eu tenho nojo". A poesia é, portanto, para este primeiro Alexandre O'Neill, um dos fantasmas contemporâneos que muito hamletianamente tem de ser ouvido e confrontado, se do que se tem de dar conta no poema é do atrito com uma experiência muito pouco poética a que a comum e prosaica expressão "uma vida de cão" serve como nome de batismo. A metapoesia não corresponde aqui a qualquer tranquila contemplação teórica. Antes se mostra como exposição de uma violência a que O'Neill foi sempre hipersensível: a violência de um real inaceitável que é, em primeiro lugar, violência da linguagem e do peso constrangedor dos grandes estereótipos sociais: "Quando dizes «Poesia» dizes medo / dizes família tradição classe".

A poesia enquanto atrito e confronto com o ubíquo fantasma da «Poesia»: sem este passo (que envolveu, sem dúvida, uma aprendizagem surrealista), o percurso muito singular, muito assinado, da poética pós-surrealista de Alexandre O'Neill mal chega a tornar-se inteligível. Aqui, não há possibilidade de obra poética se o primeiro movimento não for uma convicta despedida da «Poesia», um salto para longe dessa maiúscula mais do que suspeita.

É, em geral, o gesto de recusa da grandiloquência, da postura enfática e solene, com os poderes associados que ênfase e solenidade representam, que dá lugar a uma retórica do insignificante ou do vulgar que o leitor encontra ainda nos versos finais de "Uma vida de cão", sob a figura de um reencontro eventual após a despedida e a separação necessárias: "Agora põe-te a andar / agora passa por cá daqui a uns anos // Talvez me encontres / talvez possa fazer qualquer coisa por ti / qualquer coisa simples / quase inútil / quase ridícula / oferecer-te uma sílaba / um conselho / um cigarro". A poesia colocada em aliança com o que não tem importância, com o que está destinado a perder-se ou a esfumar-se, é a forma exata da sua reativação e da sua necessidade redescoberta. Para retomar a referência shakespeareana (que em O'Neill nunca é imotivada), o poema fica equiparável a um "much ado about nothing", um "muito barulho por nada" em que todo o valor recai no nada ou quase nada que o poema pode oferecer, sem sequer ser preciso que o barulho seja muito. O poema curto, pouco palavroso, por vezes mesmo seco, é uma das artes que O'Neill mais cultiva, menos por espírito de aforro do que por temperamento avesso ao desperdício discursivo ou à verborreia retoricamente exibicionista. Raras vezes, nas literaturas de língua portuguesa, um poeta terá sido tão assertivo e seguro de si em tão poucas linhas como o autor de *Tempo de Fantasmas*, ele mesmo um pequeno livro e, no entanto, marcante nesse gesto desafiador de não oferecer mais, em saldo, do que uma sílaba ou um cigarro. E mesmo isso, note-se, "talvez", ou seja, apenas na hipótese nada garantida de um encontro ou reencontro se dar de facto. O trânsito, na última parte do livro, entre *Não* e *Talvez* traça o caminho que conserva O'Neill em posição avessa à posteridade canónica, sobretudo se esta for entendida como o próprio objetivo último da escrita de poemas.

Talvez é a afirmação, a asserção, a lição possível ou impossível da poesia na versão o'neilliana. Poder-se-ia classificá-la como uma espécie de exercício de desarmamento no meio de uma "guerra de linguagens" (a expressão, como se sabe, é de Barthes) perenemente em curso. "Deixa", primeiro poema de *Tempo de Fantasmas*, com a sua lista de legados insólitos, é um guia de batalhas a não combater, à cabeça das quais estará qualquer espécie de luta pelo reconhecimento alheio e a moralidade viciada que nisso se envolve:

> À tua mãe o marfim crucificado
> ao teu pai o vício mais ronceiro
> e a quem quiser
> os lindos pentes da virtude

Poeticamente, deixar é sobretudo deixar para trás. O tom descontraído de muitos poemas de O'Neill vem deste alívio de pesos com que, no fundo, o poeta tenta fazer-se a si mesmo evitando que façam de si outra coisa. Até certo ponto, trata-se de não se deixar converter em fantasma (de Breton, por exemplo) no mesmo movimento em que se aprende a lidar com a incerteza dos espectros. A ambiguidade da experiência a que estão condenados os que vivem o "pouco de realidade" (que os surrealistas combatiam) exprime-se sobretudo na impossibilidade de apropriação de si como coisa unívoca e requer, por isso, que se aprenda a sintaxe do "talvez" e as suas adivinhações específicas: "A sombra que projetaste / talvez alguém a resolva / num diamante cruel". Esta posição do incerto — para lá das palavras e como forma de inteligência da vida — ainda tem, apesar de tudo, uma formulação enfática, quase heroica, devedora do envolvimento na aventura tardia dos discípulos portugueses de Breton & C.ª, que o leitor encontrará no final da "Canção" que também integra *Tempo de Fantasmas*: "Entre o real e o sonho / Seremos nós a vertigem". Mas, em geral e como propensão, O'Neill aproxima, no seu tom mais caraterístico, o poema da ironia, em particular quando se trata dessas sondagens ao estado-de-coisas presente e futuro irresistíveis à sensibilidade apocalíptica dos poetas modernos. Esse tom é o que surge no notável "Em pleno azul", onde o rasto de leituras de Paul Éluard talvez se torne mais sensível do que em qualquer outro poema desta época, por exemplo no terceto inicial do segundo andamento: "Se eu não estivesse a dormir / perguntaria aos poetas / A que horas desejam que vos acorde?"

A desenvoltura deste gesto autodeflacionário na relação com a comunidade dos poetas adormecidos ficará como traço recorrente da assinatura de O'Neill. Escrever em estado de apenas semi-vigília, podendo evocar fenómenos como os da escrita automática, é o tipo de experiência que, no entanto, aponta menos para programas de aprofundamento da consciência (mais ou menos freudianos) do que para aquilo que, num título posterior, o autor chamou *Abandono Vigiado* (1960). O humor de O'Neill não acredita nas virtudes emancipatórias quer da suspensão dos filtros críticos, quer da ética racionalista do labor consciente aplicada como curativo para os desleixos da velha inspiração. É de facto uma zona vertiginosa, algures a meio caminho entre essas duas vias igualmente clássicas, aquela que prefere frequentar, evitando a exaltação dos poderes do poeta para o lado da magia, tanto quanto para o lado da teoria. Nuno Amado comentou com muita pertinência esta poética do desembaraço técnico[1] e situou-a nessa prática de "persistente deflação do ofício de poeta" exercida no interior dos próprios poemas, mas também no discurso sobre poesia que se encontra frequentemente em crónicas que O'Neill publicou nos jornais ao longo de décadas. O tom de *Tempo de Fantasmas* parecerá ao leitor pouco consentâneo com essa ideia jazzística de uma composição poética que vai improvisando as suas próprias saídas criativas à medida que avança, mas mesmo aí o desígnio de "dizer sem maiúsculas / o amor a vida e a morte" já comparece, combinando, afinal, com o processo metapoético que todo o livro de 1951 constitui. Está, talvez, aí o corte mais nítido com o surrealismo, ou seja, no abandono do intuito revolucionário que projetava as ambições do movimento francês para horizontes político-culturais de larga escala.

Tempo de Fantasmas, fossem quais fossem as intenções reais ou iniciais do seu autor por volta de 1950, é em grande medida um livro focado nas possibilidades da poesia. Corresponde a um gesto de recolhimento. Um dos seus momentos mais exaltados dirige-se precisamente contra a exaltação daquele que designa como "tu ó o dos gestos de martelo cósmico", espécie de figura profética neorromântica que, para as referências portuguesas da modernidade, poderia situar-se entre

---

[1] Veja-se o ensaio "Enquanto os grilos periclitam, o poeta que se desenrasque", incluído no volume *E a minha festa de homenagem? Ensaios para Alexandre O'Neill*, organização de Joana Meirim, Lisboa, Tinta-da-China, 2018, pp. 185-202. Na mesma linha e no mesmo volume, leia-se, de Joana Meirim, o ensaio "Animais modestos", pp. 103-119.

Guerra Junqueiro e Teixeira de Pascoaes. O lado iconoclasta deste poema ("De passagem") ajuda a delimitar a espécie de humanismo lírico que diminui deliberadamente o escopo da ação poética. Apagar o halo de estranheza hiperbólica da figura do poeta aparece aqui como correlativo de um mundo desprovido de verdadeira transcendência:

> Desaparece agora que ninguém dá por ti
> agora que os martelos cósmicos
> dormem o sono da eterna ferrugem
> algures no céu já morto

Em certo sentido, portanto, *Tempo de Fantasmas* concentra-se no exorcismo dos próprios fantasmas da poesia, monstros inconciliáveis com a vida terrestre nas dimensões lisboetas que a única referência a André Breton veio trazer para dentro do livro. Mas O'Neill nunca será um poeta estritamente ocupado com os fantasmas do seu ofício. Ou seja, nunca veio a ser um bom exemplo de "metapoeta" em regime de exclusividade e é até possível que o prefixo "*meta-*" seja o menos adequado para descrever o tipo de relação vigilante que sempre foi mantendo com a própria prática de escrever poemas. Pode preferir-se a ideia de um "contrapoeta", assimilando assim, desde o tempo deste pequeno livro, aquela "voz contrafeita da poesia" que dá título a um dos seus pontos mais altos. É o ponto em que se afirma, para lá de toda a dúvida, a condição extemporânea da poesia, a voz desajustada dos modernos e a sua radical não-contemporaneidade:

> Noivas do invisível
> não é vosso o tempo
> Relógios do eterno
> não é vosso o tempo

Na extensão em que um certo cânone poético se construiu por "noivas do invisível" trazendo consigo "relógios do eterno", o que este poema anuncia é um tempo rigorosamente sem lugar algum para qualquer espírito canónico. Já não pode ser senão como "voz contrafeita" que a poesia persiste num tempo de radical contingência. É uma poesia em áspero atrito consigo mesma, movida por aquilo que lhe é estranho, aquela que O'Neill escolhe para si próprio, não porque possa escolher entre muitas outras possibilidades, mas porque não vê outra que seja viável. Sendo a poesia uma promessa de sentido, a injunção a que agora obedece tornou-se anónima e dispersou-se por todos os que não a escrevem e provavelmente não a ouvem:

> Não digas o teu nome: ele é Esperança
> vai até aos que sofrem sozinhos
> à margem dos dias
> e é a palavra que não escrevem
> sobre as quatro paredes do tempo
> o admirável silêncio que os defende
> ou o sorriso o gesto a lágrima
> que deixam nas mãos fiéis

Tal "Esperança" maiusculada guarda o segredo dos pequenos seres que invadem, como apelos irresistíveis, muitos poemas de O'Neill posteriores a este livro e que não são o seu tema, mas antes a sua motivação direta, a força que leva a escrevê-los e que expõe o poema ao risco de o não ser ou de se tornar redundante. Esses apelos não têm origem determinada e, sobretudo, não são necessariamente de origem humana ou não a têm senão indireta. "Coisas" é a denominação que melhor lhes cabe:

> O teu nome
> até os objetos o sabem
> quando nos pedem um uso diferente
> os objetos tão gastos tão cansados
> da circulação absurda a que os obrigam
>
> As coisas também gritam por ti

 E talvez o que de mais singular a assinatura de Alexandre O'Neill trouxe à poesia de língua portuguesa seja uma espécie de percepção agudíssima da pouca distância que vai das coisas às pessoas, a ponto de parecer nula quando se olha para as pessoas com aquele cru hiper-realismo que o poeta de *Tempo de Fantasmas* talvez tenha cultivado como mais ninguém. Quem sabe não viesse daí o corte necessário com euforias surrealistas que este livro, para todos os efeitos, continua a corporizar? Não viesse, afinal, de um outro tipo de *pathos* como o que, para concluir por agora, se poderia decifrar nestes admiráveis versos contralíricos que desenham a tensão sem saída entre uma esperança poética e o absoluto desespero onde ela mesma se forma:

> Impossível não tentar dizer-te
> com as poucas palavras que nos ficam
> da usura dos dias
> do grotesco discurso que escutamos
> proferimos
> transidos de sonho no ramal do tempo
> onde estamos como ervas
> pedrinhas
> coisas perfeitamente inúteis
> pequenas conversas de ferrugem de musgo queixas
> questiúnculas arrotos comoventes

Gustavo Rubim

DEIXA

À tua mãe o marfim crucificado
ao teu pai o vício mais ronceiro
e a quem quiser
os lindos pentes da virtude

Frases célebres
todas
e não esqueças aquela
que diz assim

          PAIS
      que fazeis?
   OS VOSSOS FILHOS
     Não são tostões
  GASTAI-OS DEPRESSA!

Deixa também a ilusão de que te amaram
àquelas duas que ali não vês

Só no tempo em que os suicidas
como os animais falavam
valia a pena desiludir

Deixa ainda
o que a álgebra mais secreta
decidiu a teu favor

A sombra que projectaste
talvez alguém a resolva
num diamante cruel

CANÇÃO

Que saia a última estrela
da avareza da noite
e a esperança venha arder
venha arder em nosso peito

E saiam também os rios
da paciência da terra
É no mar que a aventura
tem as margens que merece

E saiam todos os sóis
que apodreceram no céu
dos que não quiseram ver
– mas que saiam de joelhos

E das mãos que saiam gestos
de pura transformação
Entre o real e o sonho
seremos nós a vertigem

EM PLENO AZUL

Com horror mal disfarçado
sincero desgosto (sim!)
lágrima azul aflita
mão crispada de piedade
vêem-me passar cantando
calamidades desastres
impossíveis de evitar
as mães
          as minhas a tua
as que estropiam ternamente os filhos
para monótono e prudente
avanço da família

E quando paro e faço a propaganda
dos lugares mais comuns da poesia
há um terror quase obsceno
nos seus olhos maternais

Então prometo congressos
em pleno azul

Prometo uma solução
em pleno azul

Prometo não fazer nada
em pleno azul

sem consultar o *bureau*
em pleno azul

Visivelmente sossegadas
é a hora de não cumprir
de recomeçar cantando
calamidades desastres
ruínas por decifrar

*

Se eu não estivesse a dormir
perguntaria aos poetas
A que horas desejam que vos acorde?

Vamos decifrar ruínas
identificar os mortos
dormir com mulheres reais
denunciar os traidores
e atraiçoar a poesia
envenenada nas palavras
que respiram ausência podre
vamos dizer sem maiúsculas
o amor a vida e a morte

*

E as mães
onde estão elas?

As mães rezam as mães
cosem farrapos de dor
as mães gritam
choram

uivam
no espesso rio de um sono
já quase só animal

DE PASSAGEM

I

Vai-te vai-te
tu que andas como um cego a fingir de vidente
tu que deixas abismados os adolescentes
com teus gestos de Embaixador do Invisível
de Sacerdote do Murmúrio
de generoso Dador do Sangue da Vertigem
vai-te
e que as mulheres que alguma vez te serviram de mãe
te recolham de novo e te cubram com trapos de ternura
com piolhos de ternura
com chagas
ranho
esterco de ternura
e que depois te dispam como se despem os velhos e as crianças
e levem anos a descolar do teu corpo confrangido
as crostas que por ternura lá puseram
anos e anos às soleiras das portas
a livrar-te dos piolhos dos milhares de piolhos
que sugam a tua cabeça de pateta

E quando puderes revolta-te
Toma o Caminho-de-Todas-as-Surpresas
      o caminho que correste ao contrário
        em desumano sentido proibido
luta com os vagabundos de sonho que encontrares
e extermina-os
eles são a tua velha presença nesta terra de homens
são o que tu pensavas ter de mais humano

luta com eles e prossegue
precipita o teu novo ser
corre à sua frente
deixa lá os gritos e as rezas
as cartas das mulheres que ficaram para trás
anda anda sempre
começas a parecer-te com qualquer um de nós
e o teu riso é já humano

II

E também tu ó o dos gestos de martelo cósmico
também tu falso estribo do orgulho
vaidade espiada nas montras
onde o luxo mostra os dentes à canalha
tu mesmo
miséria esplendente destas ruas
enrodilhado sonho de grandezas impossíveis
cisne pálido do cinismo
arroto azul
sangue de empréstimo
lapela das pequenas virtudes dos pequenos mitos
que te sustentam ainda ó morto já de há muito
desaparece também tu no grande esgoto
que faz justiça a todos
não te resignes a esperar
aqui és só grotesco
só esse luar essa ilusão de vida
que furtas ao dia-a-dia
esse rompante megalómano
diário esconjuro do medo
espelhinho de hora a hora interrogado

Desaparece agora que ninguém dá por ti
agora que os martelos cósmicos
dormem o sono da eterna ferrugem
algures no céu já morto

PELA VOZ CONTRAFEITA DA POESIA

Dá-nos os passos os teus passos
de manhã triunfal de cidade à solta
os gestos que devemos ter
quando a alegria descobrir os dedos
em que possa viver toda a vertigem
que trouxer da noite
os primeiros dedos do sonho
do teu sonho nosso sonho mantido
mesmo no mais íntimo abandono
mesmo contra as portas que sobre nós se fecham
em silêncio e noite
em venenosa ternura
em murmúrio e reza
se fecharam já
mesmo contra os dias vorazes
que por todos os lados nos assaltam
e consomem
mesmo contra o descanso eterno
a viagem fácil
com que nos ameaçam vigiando
todo o percurso do nosso sono
interminável sono coração emparedado
no muro cruel da vida
desta que vivemos que morremos
assim esperando
assim sonhando
sonhando mesmo quando o sonho
ignorado recua até ao mais íntimo de cada um de nós
e é o gemido sem boca
a precária luz que nem aos olhos chega

Não digas o teu nome: ele é Esperança
vai até aos que sofrem sozinhos
à margem dos dias
e é a palavra que não escrevem
sobre as quatro paredes do tempo
o admirável silêncio que os defende
ou o sorriso o gesto a lágrima
que deixam nas mãos fiéis

Não digas o teu nome: quem o não sabe
quem não sabe o teu nome de fogo
quem o não viu entrar na sua noite
de pobre animal doente
e tomar conta dela
mesmo só pelo espaço de um sonho

O teu nome
até os objectos o sabem
quando nos pedem um uso diferente
os objectos tão gastos tão cansados
da circulação absurda a que os obrigam

As coisas também gritam por ti

E as cidades
as cidades que morreram
na mesma curva exemplar do tempo
estão hoje em ti são hoje o teu nome
levantam-se contigo na vertigem
das ruas no tumulto das praças

na espera guerrilheira em que perfilas
o teu próprio sono

*

Ah
onde estão os relógios que nos davam
o tempo generoso
os dedos virtuosos os pezinhos
musicais do tempo
as salas onde o luxo abria as asas
e voava de cadeira em cadeira
de sorriso em sorriso
até cair exausto mas feliz
na almofada muito azul do sono

Onde está o amor a sublime
rosa que os amantes desfolhavam
tão alheios a tudo raptados
pela mão aristocrática do tempo
o amor feito nos braços no regaço
de um tempo fácil
perdulário
vosso

Hoje não é fácil o tempo
já não é vosso o tempo
viajantes do sonho que divide
doces irmãos da rosa
colunas do templo do Imóvel

prudentes amigos da vertigem
deliciados poetas duma angústia
sem vísceras reais
já não é vosso o tempo

Noivas do invisível
não é vosso o tempo
Relógios do eterno
não é vosso o tempo

*

Impossível

Impossível cantar-te
como cantei o amor adolescente
colorindo de ingenuidade
paisagens e figuras reduzindo-o
à mesma atmosfera rarefeita
do sonho sem percurso no real

Impossível tomar o íngreme caminho
da aventura mental
ou imaginar-te pelo fio estéril
da solitária imaginação

Tão-pouco desenhar-te como estrela
neste céu infame
dizer-te em linguagem de jornal
ou levar-te à emoção dos outros
pela voz contrafeita da poesia

Impossível

Impossível não tentar dizer-te
com as poucas palavras que nos ficam
da usura dos dias
do grotesco discurso que escutamos
proferimos
transidos de sonho no ramal do tempo
onde estamos como ervas
pedrinhas
coisas perfeitamente inúteis
pequenas conversas de ferrugem de musgo
queixas
questiúnculas
arrotos comoventes

*

Mas de repente voltas
numa dor de esperança sem razão de ser

Da sua indiferença
agressivamente as coisas saem

Sentimo-nos cercados
ameaçados pelas coisas
e agora lamentamos o tempo perdido
a dispô-las a nosso favor

Porque é tempo de romper com tudo isto
é tempo de unir no mesmo gesto

o real e o sonho
é tempo de libertar as imagens as palavras
das minas do sonho a que descemos
mineiros sonâmbulos da imaginação

É tempo de acordar nas trevas do real
na desolada promessa
do dia verdadeiro

*

Nesta luz quase louca
que se prende aos telhados
às árvores aos cabelos das mulheres
aos olhos mais sombrios
falamos de ti do teu alto exemplo
e é com intimidade que o fazemos
falamos de ti como se fosses
a árvore mais luminosa
ou a mulher mais bela mais humana
que passasse por nós com os olhos da vertigem
arrastando toda a luz consigo

UMA VIDA DE CÃO

Não
não é a poesia caixa de música
ou a poesia piolho místico enterrado no sebo destes dias
ou qualquer outra
que podem dissolver a tua alma
tão problemática
no vinho da beatitude

Ah
o «mistério» da poesia a poesia
técnica da confusão
a capelista poética e os primeiros fregueses
ainda a medo ainda receosos
de te pedirem a Dor em alfinetes que não tenhas
logo ali à mão

E quando dizes «Poesia» eu tenho nojo
aquele nojo violento que me dá
o olhar furtivo a atenção desatenta
dos que se demoram nos lavabos nas salas dos cinemas
de mãos distraídas procurando
a solução da noite

Instalaram-se em ti
a mesma contracção suspeita
a mesma hipocrisia o mesmo sobressalto
a mesma curva obscena
que o olhar descreve
goza
e disfarça

Quando dizes «Poesia» dizes medo
dizes família tradição classe
e a vida de cão que te esperava
e que é hoje a tua vida a tua «transcendente»
vida de cão

*

Ensinaram-te palavras que pareciam
prontas a derrotar quem as ouvisse
ensinaram-te gestos para elas
e a tal ponto te humilharam
que te puseram de pé
limpo
inteligente
e aprumado

Pronto a seguir
seguiste
e agora estás aqui
estás aqui pois claro
angustiado e iludido
mas deliciado

*

Até aos últimos arcanos
cafés e leitarias
seguiste André Breton
ou a sombra dele
e a aventura mental que procurava

um sinal exterior
um estilhaço vivo do acaso
a Nadja lisboeta que salvasse
ou a noite ou a vida
acabou em «bons» poemas «maus» poemas
em palavras e palavras

E coberto de palavras enterrado
numa terra de murmúrios de gemidos
teu coração já nada faz mover
senão moinhos de palavras
e «a dor é grande» dizes tu
«mas sublime»

*

Mas não sou eu que te lamento
Os teus mitos esperam-te
já impacientes

Agora põe-te a andar
agora passa por cá daqui a uns anos

Talvez me encontres
talvez possa fazer qualquer coisa por ti
qualquer coisa simples
quase inútil
quase ridícula
    oferecer-te uma sílaba
    um conselho
    um cigarro

Sumário

7   *Uma despedida da poesia*
     por Gustavo Rubim

19 Deixa
23 Canção
27 Em pleno azul
33 De passagem
39 Pela voz contrafeita da poesia
47 Uma vida de cão

Este livro foi composto em Garamond, em papel pólen bold, para a Editora Moinhos, enquanto *So what*, de Miles Davis, aquecia a noite que esfriava em Belo Horizonte

*

A pandemia estava instaurada no mundo.